AF589804

CONSEIL GÉNÉRAL DU PAS-DE-CALAIS

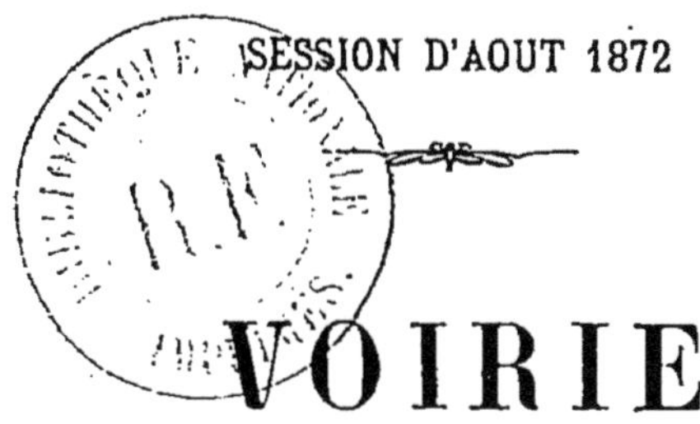

SESSION D'AOUT 1872

VOIRIE DÉPARTEMENTALE ET VICINALE

RÉORGANISATION DE CE SERVICE

PROPOSITION PAR M. FLORENT-LEFEBVRE,
Membre du Conseil général

ARRAS
TYPOGRAPHIE ET LITHOGRAPHIE D'ALPHONSE BRISSY,
Rue des Capucins, 22

1872

VOIRIE
DÉPARTEMENTALE
ET VICINALE

RÉORGANISATION DE CE SERVICE

A tous les points de vue, pour le développement de la richesse publique, comme dans l'intérêt de l'industrie et des exploitations agricoles, l'importance de premier ordre de toutes les voies de communication et leur constant entretien en bon état de viabilité n'ont pas besoin d'être démontrés.

Donc, commencer par la proclamation d'une vérité aussi banale, c'est avouer l'état incomplet et défectueux des chemins de notre département.

Et en effet, il est à la connaissance du conseil général et de notoriété publique, que non-seulement le réseau de la moyenne et de la petite vicinalité est loin encore d'être parachevé, mais que, dans les parties construites, l'état de viabilité laisse beaucoup à désirer sur de nombreux points du parcours, et que beaucoup de chemins, surtout ceux de grande communication, deviennent même impraticables dès la fin de la saison d'automne.

Il faut chercher enfin à remédier à une pareille situation, si préjudiciable partout, mais notamment dans le Pas-de-Calais, contrée essentiellement agricole et industrielle, et dans laquelle le service d'une circulation facile est d'une nécessité impérieuse.

L'insuffisance des *ressources*, le défaut de *finances* sont, sans nul doute, la cause principale qui empêche et l'achèvement complet du réseau de la voirie vicinale et l'entretien des portions construites en bon état de viabilité,

Mais le mal de la situation provient également de la complication, de l'irrégularité du service, de l'absence de méthode scientifique dans la confection et la direction des travaux, du défaut d'une comptabilité sévère de la part des agents préposés à la voirie vicinale, surtout dans l'emploi des journées de prestation, etc.

Comment y remédier?

Ma première intention, avant de formuler la proposition que je viens soumettre dans ce but à l'appréciation du conseil général, était d'entrer dans le *détail* des différents points défectueux et d'exposer respectivement les moyens d'y porter remède.

Ainsi je m'étais proposé d'examiner, en autant de paragraphes distincts :

1° *Le réseau général des chemins du Pas-de-Calais. Ses lacunes. — Mauvais état de la viabilité. Ses causes. Elles proviennent notamment du vice de la construction première. Détail des soins qu'il faut y apporter selon les aspects ou l'orientation du terrain, selon les pentes, la nature du sous-sol, la fréquence ou l'activité de la circulation,* etc., *selon la nature et la qualité des matériaux employés. — Clefs du pavé, bordures, épaisseurs des chaussées,* etc.

2° *Ressources destinées à faire face aux dépenses de voirie : centimes additionnels, prestations en nature ou conversion des journées en argent. Abus à détruire. — Défaut de direction régulière des prestations en nature. Comparaison de la différence du prix des prestations en nature avec celui des journées salariées. Conséquence à en tirer. — Surveillance et comptabilité spéciales à régulariser sur ce point capital. Feuilles de prestation des journées. Devoirs des maires,* etc. — *Réseau subventionné des chemins vicinaux, et la loi du* 14 *juillet* 1868.

3° *Le système à adopter pour la concession des travaux, pour la construction et l'entretien des routes et chemins : de l'adjudication avec concurrence et publicité et par soumissions cachetées ; ou des marchés de gré à gré; par voie d'entreprise ; ou de la mise en régie? En tout cas, de décider si chaque commune, pour ses chemins vicinaux, et les communes intéressées, pour les chemins d'intérêt commun, ne doivent pas procéder désormais elles-mêmes à la concession de tous les travaux de leur voirie? Ne serait-ce pas là l'avénement, la réalisation de la décentralisation véritable? Quels seraient, le cas échéant, les devoirs et obligations des maires? Détail.*

Mais j'ai dû, après mûre réflexion, abandonner cette première pensée. L'exécution de ce plan m'eût entraîné, en effet, dans un travail d'une trop grande étendue, qui aurait fatigué l'attention du conseil général.

D'ailleurs, ces diverses questions, qui appartiennent au domaine du service *pratique*, seront *résolues*, pour ainsi dire, par la proposition que je vais avoir l'honneur de soumettre à l'appréciation de mes collègues, et si le conseil général juge à propos de la prendre en considération.

Cette proposition s'appuie sur deux faits actuels qui sont on ne peut plus favorables pour la réalisation des améliorations si vivement désirées dans le service de notre voirie.

C'est, en premier lieu, la *compétence* désormais *souveraine* des conseils généraux pour la direction de la voirie départementale et vicinale, en vertu des lois du 18 juillet 1866 et du 10 août 1871.

Et, en second lieu, la possibilité de l'*unification* du service au moyen du remplacement des agents-voyers par le corps des *Ponts-et-Chaussées*, ou plutôt par la *fusion* des deux institutions, qui, réalisée, produira le double bienfait et d'apporter une grande *économie* dans les dépenses, et de soumettre désormais la voirie vicinale au *régime* méthodique, précis, et aux règles de comptabilité sévère qui existe dans l'institution du corps des *Ponts-et-Chaussées*.

C'est cette conclusion de mon projet primitif, à laquelle je réduis mon travail, que je vais développer dans les trois paragraphes suivants :

Compétence souveraine du conseil général.

Substitution du corps des Ponts-et-Chaussées à celui des agents-voyers.

Examen, pour les réfuter, des différents griefs imputés aux fonctionnaires des Ponts-et-Chaussées.

§ I.

Pouvoir et compétence du conseil général, qui lui assurent la direction souveraine de la voirie départementale et vicinale, en vertu des lois du 18 juillet 1866 et du 10 août 1871. — Détail et examen de ses attributions nouvelles. — Sa compétence s'étend-elle d'une manière aussi complète aux chemins vicinaux ordinaires (Loi du 10 août 1871, art. 86) ?

L'organisation de la France, sous le rapport administratif et pour la gestion des affaires et des intérêts proprement dits, ne doit être considérée, à rigoureusement parler, que sous trois divisions : l'*Etat* ou le gouvernement central, — le *département*, — et la *commune*.

Confier à chacun des deux derniers groupes le soin exclusif de gérer désormais ses propriétés respectives, ses intérêts propres et ses affaires, en s'affranchissant du joug intolérable et formaliste du pouvoir central, tel est, tout le monde le sait, l'esprit, la tendance de l'opinion publique de nos jours.

C'est ce qu'on exprime par la nécessité d'arriver à la *décentralisation administrative.*

Un essai irréfléchi et infructueux avait été expérimenté dans ce but par les décrets impériaux du 25 mars 1852 et du 13 avril 1861.

Ces actes n'avaient fait que *déplacer* le siège de la machine centrale de direction et d'oppression.

Ils s'étaient borné, en effet, â transférer aux *préfets* des départements la plupart des attributions réservées auparavant au chef de l'Etat ou aux ministres.

Un pas plus heureux a été accompli vers le but à atteindre par les lois du 18 juillet 1866, du 24 juillet 1867 et du 10 août 1871, qui ont successivement élargi, dans une certaine mesure, les attributions et la sphère d'action des *conseils généraux* et des conseils *municipaux.*

Je n'ai pas l'intention d'aborder ici l'examen du grave et difficile problème de la décentralisation administrative, lequel, lorsqu'il sera résolu, aura pour effet d'attribuer aux *communes* elles-mêmes la gestion directe et exclusive de tous leurs intérêts, sous la seule condition de se conformer aux lois générales du pays.

Aujourd'hui, et en attendant la réalisation de cette grande et féconde mesure, ma proposition se restreint à exposer ici quelle est l'étendue, en matière de voirie départementale et vicinale, des attributions nouvelles des conseils généraux, pour en déduire, comme conséquence, le pouvoir qui eur appartient d'introduire enfin dans ce service toutes les améliorations qu'il réclame depuis si longtemps.

A l'exception des routes *nationales*, qui restent dans les attributions exclusives du gouvernement et du corps des Ponts-et-Chaussées (décret du 16 décembre 1811, art. 5), les conseils généraux sont investis, désormais, de la direction souveraine de la voirie départementale et vicinale, ainsi que de celle des chemins de fer *d'intérêt local*.

Cette étendue de pouvoirs se révèle notamment par les attributions nouvelles suivantes, dont on ne cite que les principales :

I. Droit de classement, direction et déclassement des différentes voies de communication de la voirie départementale et vicinale.

II. Droit de désignation du service ou des agents qui seront chargés de l'exécution des travaux.

III. Droit de fixer le mode de concession ou d'exécution des travaux.

IV. Droit de fixation en argent de la valeur des journées de prestation.

V. Droit de fixer les conditions à imposer aux candidats pour les fonctions rétribuées sur les fonds départementaux, et les règles du concours.

Ces diverses attributions sont formellement établies, comme on va le voir, par les lois prémentionnées de 1866 et de 1871.

Droit de classement, de déclassement, etc., *des différentes voies.* — La loi du 18 juillet 1866, qui apporte une première extension dans les attributions des conseils généraux, dispose de la manière suivante, art. 1er, § 6 à 9:

« Les conseils généraux *statuent définitivement* sur les affaires ci-après-désignées, savoir : 6° Classement et direction des routes départementales, lorsque le tracé desdites routes ne se prolonge pas sur le territoire d'un autre département ; projets, plans et devis des travaux à exécuter pour la construction, la rectification ou l'entretien des routes départementales ; le tout sauf l'exécution des lois et règlements sur l'expropriation pour cause d'utilité publique ;

« Projets, plans et devis de tous autres travaux à exécuter sur les fonds départementaux ;

« 7° Classement et direction des chemins vicinaux de grande communication ; désignation des chemins vicinaux d'intérêt commun, désignation des communes qui doivent concourir à la construction et à l'entretien desdits chemins ; le tout sur l'avis des conseils municipaux et d'arrondissement ;

Répartition des subventions accordées sur les fonds départementaux aux chemins vicinaux de grande communication ou d'intérêt commun ;

8° Offres faites par des communes, par des associations ou des particuliers, pour concourir à la dépense des routes départementales ou d'autres travaux à la charge des départements ;

9° Déclassement des routes départementales, des chemins vicinaux de grande communication ou d'intérêt commun, lorsque leur tracé ne se prolonge pas sur le territoire d'un ou de plusieurs départements. »

La loi du 10 août 1871, après avoir reproduit dans son art. 46 les mêmes attributions précitées de la loi de 1866, en ajoute de nouvelles, ou donne une portée plus générale à celles de la loi de 1866, relativement à tous les autres travaux à exécuter sur les fonds du département, puis aux chemins de *fer d'intérêt local.*

Il importe de reproduire également ce texte :

« Art. 46. Les conseils généraux statuent désormais définitivement... 9° Sur les projets, plans et devis de tous *autres travaux* à exécuter sur les fonds départementaux et désignation des services auxquels ces travaux seront confiés ; — 10° Sur les *offres* faites par les communes, les associations ou les particuliers, pour concourir à des dépenses quelconques d'intérêt départemental ; — 11° Sur les concessions à des *associations*, à des *compagnies* ou à des *particuliers* de travaux d'intérêt départemental ; — 12° Sur la direction des *chemins de fer d'intérêt local*, mode et conditions de leur construction, traités et dispositions nécessaires pour en assurer l'exploitation. »

On aperçoit par cette double énumération toute l'étendue des pouvoirs accordés désormais aux conseils généraux sur la voirie départementale et vicinale, comme pour tous les autres travaux du département, en remarquant que c'est à eux également qu'appartient le droit de *répartir les subventions* accordées sur les fonds départementaux et *d'accepter les offres* faites pour concourir à la dépense de tous les travaux du département.

Droit de désignation des services, ou des agents pour l'exécution des travaux. — Voici les textes qui ont introduit cette importante innovation dans les attributions des conseils généraux. Ils méritent attention.

D'une part, la loi du 18 juillet 1866 porte la disposition suivante :

« Les conseils généraux *statuent définitivement* sur les affaires ci-après désignées, savoir.... Désignation des services auxquels sera confiée l'exécution des travaux sur les chemins vicinaux de *grande communication* et d'*intérêt commun* et *mode* d'exécution des travaux à la charge du département, autres que ceux des routes *départementales*... (Art, 1er, § 10). »

Pour quel motif les routes *départementales* se trouvaient-elles ainsi exceptées du bénéfice de l'application de la nouvelle règle, alors que la disposition précédente attribue aux conseils généraux le soin de décider eux-mêmes le *classement*, le *tracé*, le *plan* et les *devis* desdites routes?

C'était là une anomalie qui ne pouvait subsister.

Aussi, d'une autre part, la loi récente sur l'organisation des conseils généraux du 10 août 1871 s'est-elle empressée de faire disparaître cette restriction non justifiée, par son art. 46, n° 6, qui, après avoir confirmé la règle sur le droit de classement des routes départementales, attribue au conseil général le droit de désigner également les agents d'exécution des travaux.

Au surplus, voici le texte de cette nouvelle disposition :

« Le conseil général statue définitivement... sur les classement et direction des routes *départementales*, les projets, plans et devis des travaux à exécuter pour la confection, la rectification et l'entretien desdites routes, la désignation des *services* qui seront chargés de leur construction et de leur entretien. »

Cette même loi de 1871 a confirmé, comme je l'ai annoncé, les attributions du conseil général sur le régime des chemins de *grande communication* et les chemins d'*intérêt commun*, en y ajoutant les chemins de *fer d'intérêt local* (art. 46, § 7 et 12).

Donc, plus de difficulté pour le régime de toutes ces voies de communication. C'est aux conseils généraux qu'appartient le droit d'y désigner désormais les services auxquels sera confiée l'exécution des travaux.

Toutefois, ici, une explication devient nécessaire.

Comment est qualifié ce droit particulier du conseil général ? Il est exprimé par ces mots : « *Désignation des services* qui seront chargés, etc. »

Il ne faut pas confondre la *désignation des services*, avec le droit de *nomination* des *personnes*.

La désignation des services, c'est le choix en *bloc* de la catégorie des agents à qui sera confiée l'exécution des travaux, par exemple, ou le corps des Ponts-et-Chaussées ou celui des agents-voyers, mais sans avoir le droit de désigner tel ou tel ingénieur plutôt que tel autre, tel ou tel agent-voyer plutôt que tel autre. En effet le droit de nomination et d'emploi des personnes dans ces deux corporations, comme celui de leur révocation, continuent évidemment d'appartenir au pouvoir compétent: soit au gouvernement ou au *ministre* pour les fonctionnaires des Ponts-et-Chaussées (Décr. 13 oct. 1851 ; décr. 17 août 1853); soit au *préfet* pour les agents-voyers (Loi 21 mai 1836, art. 11).

Lors de la discussion de l'art. 45 de la loi du 10 août 1871, dont nous nous occupons plus loin, un amendement avait été présenté, qui proposait de faire nommer, dorénavant, *les agents-voyers* par le *ministre de l'intérieur*, et qui accordait au *conseil général* la faculté de les *révoquer*.

Cette proposition a été justement repoussée. Elle violait les règles les plus élémentaires de toute hiérarchie.

Toutefois cette question du choix des personnes a son importance. Aussi je la reprends plus loin, au § 3, où je m'occupe des objections élevées contre les fonctionnaires des Ponts-et-Chaussées et du danger qu'il pourrait y avoir, pour le conseil général, à se placer sous leur organisation centralisée.

En tous cas, si, comme il en a la faculté, le conseil général choisissait les agents d'exécution des travaux parmi les simples *particuliers*, s'il désignait, par exemple, des *entrepreneurs* pris en dehors de toute corporation, des ingénieurs *civils*, il aurait incontestablement le droit, non-seulement de s'arrêter à ce choix, mais aussi celui de nommer, parmi ces agents temporaires, les personnes dans lesquelles il entend mettre sa confiance.

Chemins vicinaux ordinaires. — Dans les dispositions précitées, il n'est pas fait mention de ces sortes de chemins, mais seulement de ceux de grande communication et d'intérêt commun. Voyons donc le régime qui est réservé à la voirie vicinale ordinaire. Il est essentiel de le préciser.

La loi du 18 juillet 1866 ne s'en était pas préoccupé, la laissant ainsi sous la règle de la loi de la matière, du 21 mai 1836.

La loi récente du 10 août 1871 a évité de tomber dans le même oubli.

Seulement, il faut le remarquer, ce n'est pas le conseil général lui-même qui est chargé de pourvoir à l'organisation du service des chemins vicinaux ordinaires. La loi du 10 août 1871 a placé ce soin dans les attributions de la *commission départementale*, émanation il est vrai du conseil général, et institution d'innovation, introduite dans la législation française par cette même loi.

Voici en quels termes l'art. 86 dispose à cet égard :

« La commission départementale prononce, sur

l'avis des conseils municipaux, la déclaration de vicinalité, le classement, l'ouverture et le redressement des chemins vicinaux ordinaires, la fixation de la largeur et de la limite desdits chemins. — Elle exerce à cet égard les pouvoirs conférés au préfet par les articles 15 et 16 de la loi du 21 mai 1836. — Elle approuve les abonnements relatifs aux subventions spéciales pour la dégradation des chemins vicinaux, conformément au dernier paragraphe de l'article 14 de la même loi. »

Cette disposition, en déférant à la commission départementale toutes les attributions qui appartenaient antérieurement aux préfets, ne s'explique pas, il faut le remarquer, sur la désignation des *services* qui devront être chargés des travaux sur les chemins vicinaux ordinaires, ni sur le *mode de concession*.

Malgré ce silence, il est évident, à mes yeux du moins, qu'ici, comme pour toutes les autres voies de communication, ce double droit appartient au conseil général ou à sa commission départementale.

Il y a même, pour l'application de la mesure sur les chemins vicinaux ordinaires, une raison d'*a fortiori*, comme disent les juristes. Et ce n'est que par suite d'un oubli, d'un *lapsus*, que l'art. 86 précité n'a pas reproduit la règle. En effet, les chemins vicinaux ordinaires sont, au point de vue de l'homogénéité du réseau général, d'une importance considérable. Impossible donc de rompre, en ce qui les concerne et pour l'application du droit de désigner et les agents de service et le mode d'exécution des travaux, le principe nouveau de la législation de 1866 et de 1871. Comment pouvoir admettre ici, d'ailleurs, un partage d'autorités, en présence de la disposition précitée de l'art. 86 de la loi de 1871, qui transfère à la commission départementale toutes les attributions qui appartenaient antérieurement au préfet sur les chemins vicinaux ordinaires ?

Mode de concession ou d'exécution des travaux. — Cette attribution du conseil général n'est pas la moins importante. Elle est établie par les dispositions précitées des lois de 1866 et 1871, lesquelles statuent d'une manière *collective* et sur le choix des agents d'exécution et sur le mode de concession des travaux.

Il existe, tout le monde le sait, plusieurs systèmes en usage et réglés par une législation spéciale pour la concession des travaux publics, de l'Etat, des départements et des communes : ou les *adjudications publiques* par soumissions cachetées ou l'exécution par *entreprise,* de gré à gré, ou les marchés *à forfait,* ou la mise en *régie* (loi de finances du 31 janvier 1833; ordonn. du 4 décembre 1836; ordonn. du 14 novembre 1827).

Suivant l'importance du chiffre du marché ou des travaux, suivant certaines circonstances spécialement prévues dans les ordonnances précitées, on prescrit l'emploi de l'un ou l'autre des modes de concession sus-indiqués.

Il est inutile d'entrer ici dans le détail des diverses situations qui peuvent se présenter.

Si, comme j'aime à l'espérer, le conseil général fait choix du corps des *Ponts-et-Chaussées* pour lui confier le service entier de la voirie municipale, toute difficulté ou incertitude devra disparaître.

En effet, et quant à la *concession* des travaux, il n'y aura qu'à se conformer aux prescriptions précises du *réglement général* sur la voirie vicinale, du 21 juillet 1854, articles anciens 176 et suiv., articles nouveaux 37 et suiv., réglement qui a *force de loi* en vertu de l'art. 21 de la loi de la matière du 21 mai 1836.

D'un autre côté, et en ce qui concerne *l'exécution* des travaux, leur surveillance, la comptabilité des dépenses et des journées, les travaux des cantonniers et ouvriers, on appliquera le *réglement spécial*, sur la *comptabilité* du ministère des *travaux publics*, du 28 septembre 1849, dont les art. 9 et suiv. contiennent les dispositions les plus positives et les garanties les plus sûres, relatives notamment au *carnet d'attachement*. des conducteurs, — aux *feuilles* d'attachement, journées, — au procès-verbal de *réceptions* des *matériaux*, — à la feuille de *repiquage* pour l'entretien des chaussées *pavées*, aux *métrés* des *travaux*, au rôle des journées d'*ouvriers*, etc., etc.

Enfin si le service est confié au corps des Ponts-et-Chaussées, nous obtiendrons un résultat également très-important.

Sous l'impulsion incessante du conseil général

ou la commission départementale, les communes intéressées devront sortir de l'indifférence dans laquelle elles ont vécu jusqu'ici. Les ingénieurs les pousseront à prendre elles-mêmes l'*initiative* de l'exécution de tous les travaux qui restent à entreprendre pour l'achèvement complet du réseau des chemins vicinaux d'*intérêt commun*. Il faudra bien, alors, que conseils municipaux et *maires* prennent, tous, leur part à l'activité générale, et que, par les moyens de contrôle, de surveillance et de comptabilité, ils parviennent à acquérir l'expérience des détails et la sûreté de la pratique.

Droit d'appréciation en argent des journées de prestation. — La loi du 10 août 1871 ayant formulé une disposition sur ce point, lequel était déjà réglé par celle du 21 mai 1836, une explication devient nécessaire pour concilier les deux textes.

L'art. 4 de la loi du 21 mai 1836 dispose, à cet égard, de la manière suivante : « La prestation sera appréciée en argent conformément à la valeur qui aura été attribuée *annuellement* pour la commune à chaque espèce de journée par le *conseil général*, sur les propositions des conseils d'arrondissements. — La prestation pourra être acquittée en *nature* ou en *argent*, au gré du contribuable... »

La loi nouvelle du 10 août 1871, art. 46, n° 7, a cru devoir s'occuper également du même objet ; mais elle le règle en termes différents de ceux ci-dessus. Elle dit : « Le conseil général statue définitivement..,.. sur le *taux* de la *conversion* en argent des journées de prestation. »

Malgré ce terme impropre de la loi de 1871 « *Conversion* en argent, » au lieu *d'appréciation* en argent, la pensée est la même dans les deux textes. Dans l'un et l'autre, c'est le conseil général qui a le droit de fixer en argent le chiffre des différentes journées de prestations, pour hommes, animaux, voitures à deux ou à quatre roues, afin de laisser au contribuable le droit *d'option* qui lui appartient de s'acquitter soit en nature soit en argent (1).

S'il en est ainsi, la disposition précitée de la loi de 1871 n'a pas d'utilité.

Elle ne déclare pas, il est vrai, comme la loi du 21 mai 1836, que cette appréciation sera faite *annuellement* ni que les *conseils d'arrondissements* devront être consultés sur ce point. Faudrait-il en conclure qu'elle entend apporter à cet égard une modification à la règle primitive ?

Impossible de l'admettre surtout en ce qui concerne la fixation *annuelle* du chiffre en argent de chaque journée de prestation. Ce chiffre, en effet, ne peut être immuable ; il peut varier, au contraire, augmenter ou baisser, selon les temps, les circonstances et les exigences de la vie, d'une

1. Il y a une conversion que la prestation en nature peut subir en vertu de la loi, c'est la conversion en *tâches* d'après les bases et évaluations de travaux préalablement fixées par le conseil municipal (Loi 21 mai 1836, art. 4. § final). C'est autre chose.

année à l'autre. Il est donc essentiel de laisser au conseil général la faculté qui lui est confiée par la loi à cet égard, et qui lui permet de conformer son appréciation aux exigences actuelles des situations.

Conditions requises des candidats aux fonctions rétribuées sur les fonds départementaux. — Ce droit, pour les conseils généraux, de fixer les conditions dont il s'agit, n'est pas une des moins importantes parmi les attributions qui viennent d'être énumérées.

Cette attribution est établie par l'art. 45. § 3 de la loi du 10 août 1871, dans les termes suivants :

« Le conseil général détermine les conditions auxquelles seront tenus de satisfaire les candidats aux fonctions rétribuées exclusivement sur les fonds départementaux, et les règles des *concours* d'après lesquelles les nominations devront être faites. »

C'est une sanction, une sorte de garantie, entre les mains du conseil général, qui assure le bon choix des employés et fonctionnaires.

Ce texte, d'après la forme de sa rédaction, n'exclut-il pas, pour le conseil général, le droit de *nomination* des fonctionnaires? C'est mon avis. La question est traitée plus loin, au § 3.

§ II.

Remplacement, pour la voirie vicinale, du service des agents-voyers par celui du corps des Ponts-et-Chaussées; ou plutôt fusion des deux services. — Situation et circonstances particulières favorables à cette substitution dans le département du Pas-de-Calais.

A son origine, le corps des Ponts-et-Chaussées fut particulièrement destiné à la construction des *routes nationales* et *départementales*, seules voies de communication qui, d'après le décret organique, du 16 décembre 1811, eussent fixé, à cette époque l'attention du gouvernement et du législateur.

Ce n'est qu'à partir de 1824 et surtout de 1836 que l'importance d'un service particulier pour la voirie *vicinale* se manifesta comme une impérieuse nécessité pour le développement de la richesse publique et privée, et qu'on comprit enfin que l'essor du commerce, de l'industrie et de l'agriculture ne pouvait avoir lieu qu'au moyen d'un réseau complet, sans lacunes, de toutes les voies de communication reliées les unes aux autres et en bon état de viabilité.

Un corps spécial, celui des *agents-voyers*, a été préposé au service de la voirie vicinale, de grande, moyenne et petite communication, en vertu de la loi du 21 mai 1836.

Aujourd'hui, une tendance se produit et s'accentue de jour en jour, dans l'opinion publique, surtout depuis la loi organique des attributions des conseils généraux, du 10 août 1871, pour la *fusion* en un seul service du corps des Ponts-et-Chaussées et de celui des agents-voyers.

En thèse générale, les raisons ne manquent pas, on va le voir, pour justifier l'opportunité et même la nécessité de la mesure.

En premier lieu, les routes nationales et départementales, dont le service relevait exclusivement du corps des Ponts-et-Chaussées, sont non-seulsment *parachevées* depuis longtemps avec tous les travaux d'art qu'elles comportaient ; mais la survenance de l'établissement des *chemins de fer* a eu pour effet d'enlever aux routes la plus grande partie de leur importance et de leur activité de circulation, puisque tous les transports s'effectuent désormais, personnes et marchandises, par les *voies ferrées*.

De telle sorte qu'il ne reste plus, sur les grandes routes, que le travail *d'entretien*, œuvre d'une importance très-secondaire, que d'ailleurs la diminution considérable de la circulation réduit par cela même à des proportions de plus en plus minimes et bien au-dessous de la position et du savoir du corps des Ponts-et-Chaussées.

Au surplus, on peut le dire, les routes dites *nationales* n'existent plus aujourd'hui, à proprement parler ; elles ne répondent maintenant, comme toutes les autres voies de communication, qu'à des besoins de *voisinage* plus ou moins étendus. Et nous sommes de l'avis de M. l'ingénieur

Bonneau du Martray, que le *déclassement* des routes nationales pour les faire entrer dans le service *départemental* est une conséquence forcée de cet état de choses. En les réduisant, comme *largeur*, aux proportions des chemins de grande ou de petite communication, selon les besoins de circulation des localités, on aperçoit *l'économie* considérable qu'on pourrait réaliser dans les dépenses *d'entretien*, par cette seule mesure.

Il importe donc que le Gouvernement livre également et le plus tôt possible les routes *nationales* aux *conseils généraux*. Alors, par cette unification du service de la voirie tout entière, on obtiendra une unité de direction, une appréciation d'ensemble pour l'exécution des travaux et surtout une répartition des ressources et des subventions, raisonnée désormais et faite selon les exigences et les besoins de chaque chemin.

En second lieu, le réseau des *chemins de fer*, événement considérable et dont la construction a été confiée, en grande partie, au corps des Ponts-et-Chaussées, est également *achevé*, du moins pour les grandes et principales lignes. — Seconde cause de diminution dans le service et pour l'activité du corps des Ponts-et-Chaussées.

La mission du corps des Ponts-et-Chaussées se trouve donc restreinte, aujourd'hui, à la construction des édifices publics, des ouvrages d'art, et aux travaux hydrauliques ou de navigation.

C'est en présence d'une pareille situation, que la pensée est venue de fondre les deux services, afin de reporter sur la voirie vicinale encore si incomplète et si défectueuse dans une grande partie de la France, tous les efforts et toute l'activité des hommes de science et d'exécution.

Du moment que les routes *départementales* sont placées dans les attributions exclusives des conseils généraux aussi bien que la voirie vicinale, comment admettre, en effet, pour ce service désormais centralisé, la coexistence de deux administrations distinctes, chacune avec son budget, son organisation spéciale, celle des Ponts-et-Chaussées et celle des agents-voyers ?

Leur *réunion*, leur *fusion* s'impose donc comme une mesure nécessaire d'utilité générale et de simplification forcée.

Les avantages considérables de cette mesure, lorsqu'elle sera réalisée, sautent aux yeux et n'ont pas besoin d'être démontrés. Il suffit d'en signaler les principaux :

1° *Economie* sérieuse sur le budget du département et des communes. En effet, la corporation des Ponts-et-Chaussées continuera de fonctionner aux *frais de l'Etat*. Et, s'il y a nécessité d'en augmenter le personnel d'un ou deux membres par département, l'indemnité supplémentaire qui pourra être réclamée à cet effet sera de minime importance pour les départements et pour les communes.

2° Simplification des formes administratives en plusieurs cas où les agents des deux administrations sont obligés d'intervenir lorsque, comme cela arrive souvent, les intérêts de la grande et de la petite voirie se trouvent en présence.

3° Emploi et répartition soit des *prestations*, soit des *crédits*, d'après un système nouveau mieux raisonné que celui qui existe, et qui permettra, par suite de la concentration des services dans une même main, d'appliquer les journées de prestation en nature ou en argent et les fonds des crédits sur celles des voies de communication qui en ont le plus besoin, au lieu de le faire au hasard, comme cela a lieu aujourd'hui. Par exemple, dans les contrées et les départements où les journées de prestation restent *inutilisées*, en raison du bon état de viabilité de tous les *chemins*, pourquoi n'applique-t-on pas ces ressources considérables aux *routes*, lesquelles sur certains points de leur parcours, sont fatiguées et détériorées, faute de fonds suffisants pour leur entretien ?

Si la nécessité de la fusion est évidente, il reste à décider au profit duquel des deux corps elle doit avoir lieu, ou des Ponts-et-Chaussées, ou des agents-voyers ?

Il n'y a pas, ce semble, à hésiter sur la question, qui a été cependant vivement discutée depuis 1866. C'est le corps des Ponts-et-Chaussées qui, à tous égards, doit être préféré, selon moi. Et mon avis, j'ose l'espérer, sera partagé par le conseil général, lorsque, dans sa sagesse, il aura pesé les raisons qui militent en faveur de ce choix, ainsi que la valeur des objections qu'on y oppose.

Ces objections sont exposées et relevées plus loin, dans le § suivant.

D'ailleurs, il faut le faire remarquer ici, même avant la loi du 10 août 1871, dans *treize départements*, le service de la voirie vicinale était exclusivement confié aux ingénieurs des Ponts-et-Chaussées, (Côtes du Nord, — Eure-et-Loir, — Gers, — Loiret, — Haute-Loire, — Mayenne, — Oise, — Basses-Pyrénées, — Hautes-Pyrénées, — Seine, — Seine-et-Marne, — Tarn-et-Garonne, — Vaucluse).

Ces départements n'étaient pas soumis, il est vrai, à un régime uniforme. Dans quelques-uns, la fusion était complète entre la grande et la petite voirie : un même agent, quel que fut son grade, avait à la fois sous sa direction et le service hydraulique et les routes et chemins de toute nature. Dans d'autres, le personnel inférieur de la voirie vicinale restait distinct de celui des routes, bien que les deux services fussent centralisés dans la main des ingénieurs.

Dans le département du Nord, les chemins de *grande communication* sont confiés aux Ponts-et-Chaussées ; les autres chemins restent dans les attributions des agents-voyers.

Dans le Calvados, le Cher, la Lozère et les Vosges, la fusion a été faite en ce sens, que les agents-voyers ont, avec les chemins vicinaux, le service des routes départementales ; les Ponts-et-Chaussées les routes nationales avec le service hydraulique.

L'existence de cette diversité dans des attributions de même nature et de ce partage de fonctions identiques entre des agents de deux administrations séparées, vient encore à l'appui de la nécessité de la fusion.

Au surplus, cette nécessité de la fusion, — sauf la question du choix du personnel, — est désormais reconnue, proclamée par tout le monde, comme on vient de l'annoncer.

Le gouvernement lui-même y donne son adhésion complète, dans une lettre émanée du *ministre des travaux publics*, d'une date toute récente, du 28 mars 1872, adressée à M. le préfet de l'Orne.

« Vous m'avez fait connaître, dit cette lettre, que le conseil général de votre département devait s'occuper, dans sa session prochaine, d'examiner la question de savoir s'il ne conviendrait pas de réunir tous les services de voirie du département dans la main des ingénieurs des Ponts-et-Chaussées. Vous pensez, Monsieur le Préfet, que cette mesure serait essentiellement conforme à l'intérêt bien entendu du département. . . . .

« Est-il nécessaire de faire ressortir tous les avantages que ne peut manquer de procurer la fusion de tous les services ? Je ne le pense pas, puisque déjà vous-même, monsieur le préfet, vous avez étudié la question. Je suis prêt, d'ailleurs, si vous le désirez, à vous faire connaître le résultat des études de mon administration. »

« Signé : R. de Larcy. »

Aux raisons générales ci-dessus déduites en faveur de la fusion et du choix à accorder au corps des Ponts-et-Chaussées, il existe pour le *Pas-de-Calais,* nous l'avons annoncé, des circonstances particulières qui faciliteront singulièrement la substitution d'un service à l'autre.

Ainsi, d'une part, M. l'agent-voyer *en chef* a déposé sa *démission,* en déclarant que le moment du repos était arrivé pour lui.

D'une autre part, parmi MM. les agents-voyers d'*arrondissements,* plusieurs touchent également à l'heure de la retraite.

Quant aux autres, il est hors de doute qu'on ne peut toucher, ni à leur situation ni à leurs droits légitimement acquis. Mais une position naturelle se présente pour leur permettre d'achever leur carrière et leur temps de service : on les fera nommer au poste de *conducteur* des Ponts-et-Chaussées. Et, certes, on peut l'affirmer, ils y entreront de plein-pied, possédant d'avance la plus grande partie des connaissances requises, puisque les attributions et la mission des deux emplois sont pour ainsi dire identiques.

Passons maintenant aux objections qui ont été formulées contre le corps des Ponts-et-Chaussées.

§ III.

Griefs et reproches imputés au corps des Ponts-et-Chaussées. — Examen et réfutation.

En 1866, devant le Corps législatif, lors de la discussion de la loi du 18 juillet, qui a introduit une première extension dans les attributions des conseils généraux, l'institution des Ponts-et-Chaussées a été directement critiquée. C'était à l'ocassion de la disposition restrictive, aujourd'hui abrogée, qui, par exception, refusait aux conseils généraux le droit de désigner eux-mêmes, pour les routes *départementales*, les agents qui devaient être chargés de l'exécution des travaux (Voy. ci-dessus au § 1er).

Un orateur, M. Guillaumin, résumant les plaintes et griefs depuis longtemps dirigés contre cette corporation célèbre, avait, du haut de la tribune, formulé l'attaque dans les termes suivants :

« Si le corps des Ponts-et-Chaussées possède la *science*, il est en même temps *exclusif, méthodique, lent, très-coûteux*. Que les départements *riches* aient la faculté de s'adresser à ce corps pour l'exécution de leurs routes, cela se comprend. Mais que les départements *pauvres* n'aient pas le droit de choisir des agents d'un service moins lent et moins dispendieux ; ceci me semble irrationnel. Du moment qu'on émancipe les conseils généraux, c'est qu'on reconnait qu'ils ont l'expérience nécessaire pour choisir, pour la confection des routes de leur département comme pour les autres travaux, le mode d'exécution de service le plus convenable à leurs intérêts et le plus en rapport avec leurs ressources. »

D'un autre côté, un recueil sérieux, le *Journal d'Agriculture pratique*, n° du 4 janvier 1871, a lancé contre cette même corporation une raillerie mordante, dont voici les traits saillants :

« Faudra-t-il savoir combien il y a de cailloux dans chaque tas, combien de vide ? — Déterminera-t-on la forme polyédrique de chaque pierre?.... L ingénieur écrira et réunira de nombreuses observations, mais ces observations resteront stériles au point de vue de l'entretien, et si, *malgré tout*, la chaussée est en bon état, sachez bien que vous ne le devez ni aux abstractions du calcul intégral, ni aux révélations du laboratoire, mais tout simplement au travail d'un cantonnier qui, guidé par l'expérience, saura faire l'emploi judicieux et opportun des matériaux qui lui sont donnés. . . . .

. . . .

Dans les Ponts-et-Chaussées, ces formules sont *inflexibles* et font loi.... Dès que la formule a indiqué et fixé le *quantum*, quand la valeur de l'x est connue, quelle autre préoccupation peut-on avoir ? »

Les agents-voyers avaient cru devoir prendre part eux-mêmes à la contestation, spécialement à l'occasion de la question de savoir si les travaux exécutés par les Ponts-et-Chaussées n'étaient pas beaucoup plus *chers* que ceux exécutés, dans les mêmes conditions par les agents-voyers. C'est le grief principal articulé contre les ingénieurs. (*Annales des Ponts-et-Chaussées*, année 1868, n° 2.)

Le corps des Ponts-et-Chaussées ne s'est pas résigné à laisser peser sur sa renommée des imputations de la nature de celles qui viennent d'être signalées.

Les ingénieurs de plusieurs départements ont, en effet, pris la plume et se sont appliqués à relever dans des brochures, avec une certaine vivacité de langage qui s'explique, les attaques dirigées contre leur corporation.

Nous avons eu sous les yeux les notices publiées dans ce but par MM. les ingénieurs Bonneau-du-Martray et Chardard, du département de la Nièvre, de M. Marchal, du département de la Mayenne, de M. Vernis du Doubs, de M. Rippert, du département du Cantal, de M. Salles, de la Haute-Garonne.

D'abord, et pour répondre à l'ensemble des griefs dirigés contre l'institution, MM. les ingénieurs ont formulé l'observation générale suivante.

S'il est vrai que nous ne sommes que de véritables automates, appliquant mécaniquement des formules que nous ne savons ni approprier à chaque situation particulière ni laisser de côté dans une foule d'occasions ; si l'instruction que nous avons reçue dans les écoles polytechnique et des Ponts-et-Chaussées, au lieu de nous ouvrir l'intelligence, a rendu notre esprit inaccessible aux vérités les plus élémentaires ; si nous ne comprenons pas que les résultats cherchés doivent être en rapport avec les moyens d'exécution : si nous poussons l'amour de la routine jusqu'à introduire quand même dans le service de la voirie vicinale les procédés des grands travaux ; s'il en est ainsi, ce serait trop peu de nous retirer le service de la construction et de l'entretien des chemins de diverse nature; il faudrait *supprimer* l'institution elle-même du corps des Ponts-et-Chaussées.

Abordant ensuite l'examen des griefs particuliers dirigés contre leur service, MM. les ingénieurs se sont efforcés de les repousser.

Nous allons les présenter ici nous-même, en essayant de résumer les éléments de la controverse et les objections élevées de part et d'autre ; cette controverse roule sur certains points principaux qu'on va passer successivement en revue :

Premier grief. — Sans doute ; les Ponts-et-Chaussées construisent bien, mais ils le font à des prix *très-élevés*, et, en tous cas, beaucoup plus chèrement que les agents-voyers ou les ingénieurs civils. »

Il y a longtemps que cette assertion a cours. Est-elle fondée? MM. les ingénieurs de l'Etat le nient.

Il existe dans l'état de choses actuel une circonstance particulière qui semblerait favorable pour apprécier l'exactitude de ce premier reproche, en ce qui concerne la construction des voies de transport.

Il y a, en effet, comme nous l'avons signalé au § précédent, un certain nombre de départements, où la voirie vicinale est confiée aux agents des Ponts-et-Chaussées lorsque dans tous les autres départements elle est encore administrée par les agents-voyers, dont c'est la mission naturelle et légale.

Il suffirait donc pour avoir la solution de la controverse, de présenter, dans deux *tableaux comparatifs*, les dépenses d'un groupe de travaux exécutés par les Ponts-et-Chaussées, et les dépenses d'un autre groupe exécutés par les agents-voyers. C'est ce qui a été fait par M. Marchal, ingénieur en chef du département de la Mayenne.

Il a pris pour exemple de point de comparaison les dépenses pour la construction de chemins vicinaux de *grande communication*.

Voici les deux tableaux, dont les chiffres, d'après M. Marchal, ont été extraits des documents officiels.

1° *Groupe des départements confiés aux ingénieurs des Ponts-et-Chaussées.*

Désignation des départements.	Longueur à l'état d'entretien en 1865.	Dépenses totales pour construction et grosses réparations.	Prix moyen du mètre courant.	Observations.
	mètres.	francs.	francs.	
Eure et-Loir	1 287 280	7 388 284	5. 74	
Mayenne	822 899	5 589 839	6. 79	
Côtes-du-Nord	1 291 624	5 542 995	4. 28	
Totaux et moyennes	3 401 803	18 521 118	5. 44	

2° Groupe des départements placés sous la direction d'un service spécial d'agents-voyers.

Désignation des départements	Longueur à l'état d'entretien en 1865.	Dépenses totales pour construction et grosses réparations.	Prix moyen du mètre courant.	Observations.
	mètres.	francs.	francs.	
Calvados. . . .	889 223	6 213 549	6. 99	
Eure.	1 434 137	8 100 389	5. 65	Dans ce département, le prix moyen des matériaux n'est que de 4 f. 42 et celui de la main-d'œuvre 1 f. 98.
Finistère	682 920	5 144 461	7. 53	
Ille-et-Vilaine .	975 448	7 833 512	8. 03	
Loir-et-Cher. .	427 753	2 112 642	4. 93	Ce département, situé dans la vallée de la Loire, n'a presque pas de relief.
Loire-Infér. . .	1 760 479	10 836 190	6. 15	Même observation.
Manche	1 109 964	8 748 200	7. 88	
Maine-et-Loire.	992 753	8 704 637	8. 76	
Morbihan . . .	995 995	7 429 550	7. 46	Dans ce département, on réduit les chaussées à 3 mètres de largeur et l'épaisseur à moins de 0m. 12. (P. V. année 1865, page 159.)
Orne.	1 200 000	8 280 759	6. 90	
Sarthe.	852 052	6 765 761	7. 94	
Seine-et-Oise .	657 919	6 121 088	9. 30	
Tot. et moyen.	11 978 643	86 300 738	7. 20	

Il résulterait de la comparaison de ces deux tableaux que, pour des travaux de *même nature* (sur des chemins de grande communication), les ingénieurs des Ponts-et-Chaussées, loin de construire plus chèrement que les agents-voyers, exécuteraient, au contraire, à des prix au-dessous de ceux de ces derniers, c'est-à-dire avec une différence en moins de 1 fr. 76 par mètre courant !

Pour les travaux *d'entretien,* le même mode de procéder par tableaux comparatifs a été également employé, en prenant pour moyenne les dépenses d'entretien pendant une période de dix années.

Il en résulterait de même que, dans les départements confiés aux Ponts-et-Chaussées, la dépense d'entretien serait, comme pour les travaux neufs, *inférieure* à celle de même nature, dans les départements dont le service appartient aux agents-voyers.

Cette démonstration par un prix moyen comparatif n'est pas décisive à nos yeux. Pour être concluante, il faudrait, sur chacun des groupes choisis pour point de comparaison, non-seulement que les chemins fussent des voies de la même catégorie, mais aussi que les *conditions* de construction et d'entretien y fussent *identiques.* Or ces conditions peuvent varier dans des proportions considérables selon les contrées.

1° Les chemins ont-ils la même *largeur?* On sait qu'elle varie selon les départements, et d'après la fréquentation ou l'activité de la circulation.

2° La dépense est loin d'être la même dans toute l'étendue du parcours d'un chemin. Si elle est faible en *plaine,* alors qu'il n'y a aucun obstacle à franchir, elle augmenté dans une mesure considérable lors qu'il faut abaisser des *pentes* trop escarpées, faire sauter des rochers, exécuter des *remblais*, franchir des rivières, etc., etc.

3° La nature, la dureté, le prix des *matériaux* employés dans les deux groupes de chemins comparés, sont également variables non-seulement de département à département, mais même d'arrondissement à arrondissement.

4° L'*épaisseur des chaussées* est également, comme la différence de la largeur des voies, une cause de différence considérable dans le prix des dépenses.

5° La *saison* où ont été exécutés les travaux soit de construction, soit d'entretien, est aussi à considérer, au point de vue de la solidité et de la durée.

6° Il y a, en outre, une objection qui a été élevée par certains agents-voyers (ceux de Loir-et-Cher et de la Côte-d'Or) contre l'exactitude de conclusion des tableaux comparatifs de M. l'ingénieur de la Mayenne.

Elle repose sur la différence de la valeur des *journées* de prestation acquittées en *nature* avec celle des journées *salariées* par suite du rachat des premières en argent.

Le prix moyen des journées *salariées* serait à peu de choses près le même dans les départements choisis comme exemple, tandis que le prix moyen des journées de prestations en *nature* y varie dans d'assez grandes proportions.

Dans la Mayenne, où les prestations sont généralement converties en argent, la journée de prestation ne vaut que 80 centimes ; tandis qu'elle vaut 1 fr. 28, moyennement, dans toute la France, d'après le calcul de M. l'agent-voyer de Loir-et-Cher. Or d'après cet agent, qui donne la préférence aux prestations en nature, cette variation de prix serait une des causes de la différence des résultats des prix de revient constatée par les tableaux comparatifs.

La controverse entre les ingénieurs et les agents-voyers sur ce point ne nous semble pas avoir amené une solution.

Quel est, en règle générale, le mode le plus avantageux à adopter, pour les départements et les communes, ou des prestations en nature ou des journées salariées?

La question mériterait une solution approfondie.

D'ailleurs, la solution n'arriverait pas à un résultat pratique, en présence du droit d'option qui appartient au contribuable de s'acquitter en nature ou en argent.

Autre grief. — Les ingénieurs du corps des Ponts-et-Chaussées sont-ils, d'après le genre de leurs études qui les portent aux grandes spéculations et aux mathématiques transcendantes, incapables de se livrer aux détails de la *pratique* de leur art et surtout aux devoirs modestes de la construction et de l'entretien des chemins ? »

Ce reproche est un de ceux que MM. les ingénieurs des Ponts-et-Chaussées repoussent avec le plus d'énergie.

La *pratique*, quel est le sens de ce mot vague ?

Entend-on le mettre en opposition avec la *théorie* purement spéculative ou avec la *science*?

Lorsqu'on reproche aux ingénieurs de ne pas être des hommes pratiques, entend-on les accuser de ne pas manier eux-mêmes la *pioche* ou le *balai*, la *truelle* ou le *marteau*? A ce titre, MM. les agents-voyers ne seraient pas non plus des hommes pratiques. Et cette qualification n'appartiendrait qu'aux ouvriers, aux terrassiers, aux cantonniers et aux manœuvres proprement dits.

La pratique, pour tout constructeur, ne se résume-t-elle pas en deux actes : 1° savoir *dessiner* le terrain sur lequel un ouvrage quelconque doit être exécuté avec les éléments de cet ouvrage ; — 2° *Connaître* parfaitement la valeur des *matériaux* de construction et leur *mise en œuvre*?

Or, les études des ingénieurs, soit à l'école polytechnique, soit surtout à l'école des Ponts-et-Chaussées les conduisent, toutes, vers ce double but.

On va retracer ici l'argumentation solide de M. l'ingénieur Chardard, en la dépouillant de la forme amèrement ironique qu'il lui a donnée :

« Si à l'école polytechnique on nous a initiés à tous les mystères de la lumière pour nous ouvrir la connaissance du jeu des lentilles des lunettes, de nos niveaux et de nos graphomètres ; si dans cette même école, nous avons étudié la chimie, qui nous a appris les propriétés de la silice et de la chaux, la manière dont celle-ci se comporte suivant sa composition atomique et les raisons par lesquelles elle est tantôt grasse, tantôt maigre, tantôt hydraulique ou non hydraulique. Si on soutient que ces dernières notions sont entièrement théoriques, quoiqu'elles mettent sur la voie de la composition des *mortiers* suivant le genre de construction à faire et le résultat à obtenir.

« En retour, à l'école des Ponts-et-Chaussées, nous sommes rompus aux *opérations sur le terrain* : levés de plans, nivellement, levés de bâtiments ou de machines. Et nous apprenons *à fond* le maniement de *tous* les *instruments* possibles de travail.

« Que nos contradicteurs ouvrent nos *Annales;* ils n'y trouveront pas uniquement des spéculations transcendantes et de grandes pages chargées des hiéroglyphes du calcul infinitésimal. Ils y liront des discussions sur les *meilleurs outils* à employer pour la construction et l'entretien des routes ; sur les divers procédés de cassage des cailloux et pierres, soit par des ouvriers debout, soit par des ouvriers assis, et leurs avantages comparatifs. Ils y verront des indications sur l'*ébouage* et l'*époudrage* des chaussées et la manière de tenir les outils propres à ces opérations, etc., etc. »

Il y a un axiome, celui-ci : c'est que l'*art* n'est que l'application de la *science* à la détermination et à la mise en œuvre des méthodes et des procédés généraux.

En matière de voirie, il n'existe pas un seul cas de pratique de construction qui ne soit la vulgarisation d'un précepte ou d'une formule purement scientifique dans l'origine.

A l'appui de cette assertion, M. Chardard cite plusieurs exemples :

La recherche et la découverte des lois du *mouvement* de traction des *voitures*, qui semblent, au premier abord, un luxe scientifique inutile à l'art de la construction et de l'entretien des voies de transport, sont cependant indispensables pour se rendre compte soit de la valeur respective de *deux tracés* de routes comparatifs, soit des moyens précis d'évaluation des forces nécessaires pour traîner la *même charge* selon la situation donnée de la voie, solide ou molle, unie ou avec ornières plus ou moins profondes.

La nature, la qualité et quantité des matériaux à employer de préférence, selon les accidents du terrain, le caractère du sous-sol, impliquent nécessairement aussi des connaissances minéralogiques, de chimie et de géologie.

Enfin, est-ce que ce sont les ingénieurs qui président eux-mêmes à l'exécution matérielle des travaux ? N'ont-ils pas pour accomplir cette mission, les *conducteurs principaux* et les *conducteurs auxiliaires*? Et ces agents précieux, sous la direction scientifique des ingénieurs, ne sont-ils pas des hommes *pratiques* dans toute l'étendue de l'acception du mot, aussi bien que les agents-voyers et avec plus d'autorité encore que ceux-ci, en ce qu'ils possèdent, en outre, des notions théoriques et scientifiques généralement supérieures à celles acquises par le corps des agents-voyers ? — Rien n'est plus incontestable.

Troisième grief. — « *Raideur* des relations de services de MM. les ingénieurs soit avec les autorités départementales et municipales, soit avec le public. »

On leur oppose naturellement, pour justifier ce grief, le corps des agents-voyers, lesquels, en rapport constant avec le public, avec les maires, avec les travailleurs, sont toujours disposés à accueillir tous ceux qui se présentent à eux et à leur donner des conseils. Tandis que les ingénieurs, sans s'inquiéter des besoins réels ni des résultats obtenus, éviteraient tout contact avec le public et prétendraient vouloir tout diriger de leur cabinet, sorte d'officine mystérieuse, où nul regard profane ne peut pénétrer.

Le corps des Ponts-et-Chaussées repousse d'abord, comme mal fondée, cette hauteur qu'on veut bien lui reprocher.

Ensuite, le parallèle qu'on cherche à établir entre les ingénieurs et les agents-voyers pour leurs rapports de service est inadmissible. Il y a en effet, dans le mode de fonctionnement des deux corporations, une différence profonde, inhérente à l'organisation spéciale de chacune des deux administrations.

Pour démontrer cette évidente vérité, M. l'ingénieur Chardard entre dans le détail comparatif des rapports de services soit avec les autorités, soit avec le public, soit avec les ouvriers. Il en fait ressortir comme conséquence que le contact permanent avec le public, qui n'est que l'exception pour l'ingénieur, forme, au contraire, la mission expresse de l'agent-voyer ; qu'il y aurait, par suite, usurpation et excès de pouvoirs si les agents de l'une ou l'autre corporation s'écartaient de la mission spéciale qui leur est impartie par les lois et réglements de leur profession.

Au surplus, cette prétendue raideur sur laquelle on insiste n'est qu'une *sévérité* nécessaire, commandée par la législation spéciale qui trace les devoirs et les obligations imposés aux Ponts-et-Chaussées et qu'il n'est pas possible d'éluder, surtout lorsqu'il s'agit de la *police* de la voirie et des rapports avec les supérieurs hiérarchiques.

D'ailleurs, ajoute M. Chardard, lorsque le service de la voirie vicinale lui sera confié, le corps des Ponts-et-Chaussées, loin de croire déroger à sa mission, saura parfaitement se plier à toutes les exigences de sa nouvelle mission. Il en a donné déjà la preuve, au reste, dans les 12 ou 13 départements où ce service lui est confié.

D'ailleurs, est-ce que l'achèvement complet de l'immense réseau de la voirie vicinale dans toute la France avec la transformation des routes nationales et départementales en chemins de simple vicinalité, n'est pas, en considération des inappréciables résultats qui en sortiront, une œuvre de la plus haute importance, bien digne de mettre en mouvement l'ambition et le patriotisme de MM. les ingénieurs?

Quatrième grief. — Ce n'est pas un grief; c'est une *objection*, une *crainte* sur le danger qu'il y aurait à confier la voirie vicinale au corps des Ponts-et-Chaussées. — Il y a ici une certaine difficulté d'appréciation qu'il importe de bien saisir.

Posons d'abord quelques questions préalables :

Le droit attribué au conseil général par les lois de 1866 et de 1871, de « désigner les *services* qui seront chargés de l'exécution des travaux, » ne comporte pas le pouvoir de *nommer* aux *emplois*. Le conseil peut charger de ce soin soit le corps général des Ponts-et-Chaussées, soit le corps des agents-voyers. — Mais il est absolument incompétent pour créer lui-même un ingénieur, un conducteur des Ponts-et-Chaussées, un agent-voyer. — C'est de la dernière évidence.

Mais du moins le conseil général aura-t-il le droit de *choisir*, parmi les ingénieurs ou parmi les agents-voyers du département, le fonctionnaire *spécial* auquel il désire que soit confiée l'exécution des travaux ; par exemple tel ingénieur d'arrondissement de préférence à l'ingénieur en chef ?

Il y a là une difficulté. Il faut l'examiner.

Le conseil général possede-t-il ce droit de choisir les personnes ? L'attribution qui lui appartient « de désigner les *services* qui seront chargés de l'exécution des travaux, » l'implique-t-elle nécessairement ?

Il serait à désirer qu'il en fût ainsi. Mais les lois de 1866 et de 1871 se refusent à cette interprétation, je l'ai déjà déclaré au § 1er ci-dessus.

On ne pourrait non plus invoquer à l'appui d'une pareille extension des pouvoirs du conseil général le texte de l'art. 45 de la loi du 10 août 1871, qui accorde au conseil général le droit « de déterminer les *conditions* auxquelles seront tenus de satisfaire les *candidats* aux fonctions rétribuées *exclusivement* sur les fonds départementaux, et les règles des *concours* d'après lesquelles les *nominations* seront faites. »

D'abord, cette disposition, d'après les termes qu'elle emploie, ne s'applique ni aux fonctionnaires des Ponts-et-Chaussées ni aux agents-voyers.

Ensuite, avoir le droit de déterminer les conditions à imposer aux candidats et les règles du concours, n'emporte nullement le droit de *nomination* aux emplois ni celui de *révocation*, lesquels sont toujours et partout un des attributs du pouvoir exécutif et non dans le domaine des assemblées ou des corps délibérants.

Que, par suite d'un *accord officieux* entre l'administration supérieure et le conseil général, celui-ci obtienne, pour le service de la voirie départementale et vicinale, la désignation de tel ou tel ingénieur dans lequel il a placé sa confiance. Rien de mieux.

Et c'est de cette manière que les choses se passeront généralement, sans nul doute. A moins que l'agent désiré par le conseil général n'ait une autre fonction ou mission particulière à accomplir, ou qu'il soit appelé soit à un changement, soit à une promotion.

Mais alors voici *l'objection*, le *danger* que l'on redoute.

Si, d'après l'interprétation littérale des lois de 1866 et de 1871, le conseil général ne possède que le droit de désigner *en bloc* la classe des agents qu'il entend préposer à l'exécution des travaux de la voirie, sans pouvoir choisir spécialement les *personnes* qui lui inspirent confiance, le département ne va-t-il pas *abdiquer* et retomber dans les mains du *Pouvoir central.*

En d'autres termes, les attributions nouvelles des conseils généraux, qui leur confient la direction souveraine de la voirie départementale et vicinale, ne vont-elles pas se trouver paralysées s'ils ne possèdent pas en même temps le droit de *choisir* et de *révoquer* les agents? Dans une pareille situation, les conseils généraux ne seront-ils pas, en effet, dépouillés de toute influence sur ceux-ci?

Enfin, cette ingérence indirecte du pouvoir central par l'exercice de son droit de disposition exclusif des agents du corps des Ponts-et-Chaussées ne sera-t-elle pas une cause de *conflits* entre l'administration supérieure et les assemblées départementales?

Cette préoccupation s'est déjà produite dans le sein de plusieurs conseils généraux.

Elle a été soumise à l'appréciation de M. le *Ministre des travaux publics* par M. le préfet du département de l'Orne.

La réponse du ministre, qui s'applique à repousser la crainte et les objections soulevées, mérite d'être méditée. Elle est contenue dans la lettre du 28 mars 1872, dont j'ai déjà donné un extrait au § précédent.

Voici en quels termes elle est conçue :

MINISTÈRE DES TRAVAUX PUBLICS

Versailles, le 28 Mars 1872.

« Monsieur le Préfet, vous m'avez fait connaître que le Conseil général de votre département devait s'occuper, dans sa session prochaine, d'examiner la question de savoir s'il ne conviendrait pas de réunir tous les services de voirie du département dans les mains des Ingénieurs des Ponts-et-Chaussées. Vous pensez que cette mesure serait essentiellement conforme à l'intérêt bien entendu du département, mais vous ne vous dissimulez pas qu'elle sera combattue par un certain nombre de membres du Conseil général et vous savez que l'un des motifs principaux de leur opposition réside dans la crainte que, si le département confiait aux Ingénieurs des Ponts-et-Chaussées le service de sa voirie vicinale, l'administration supérieure des travaux publics ne persistât à lui *imposer* des Ingénieurs ou des agents qu'il ne voudrait pas conserver.

« Je pourrais, Monsieur le Préfet, pour répondre à cette crainte, me borner à dire que déjà en fait, dans un certain nombre de départements, le service de la voirie vicinale a été confié aux Ingénieurs des Ponts-et-Chaussées, et dans aucun d'eux jusqu'ici, les difficultés que redoutent quelques-uns des membres du Conseil général de votre département ne se sont rencontreés.

« L'administration supérieure ne peut oublier qu'en vertu de la loi du 21 mai 1836 c'est au Préfet qu'il appartient de nommer les fonctionnaires et agents chargés de diriger le service de la vicinalité, et elle comprend très-bien que du jour où, soit un ingénieur, soit un conducteur ou un agent secondaire *ne marche plus d'accord* avec le département, il est nécessaire ou au moins utile de lui donner une *autre destination*, et dans quel cas d'ailleurs l'accord peut-il cesser ? C'est évidemment lorsque l'Ingénieur ou le conducteur ne s'acquitte plus des diverses obligations de son service avec le même zèle que par le passé, ou lorsqu'il n'apporte plus dans ses rapports avec les tiers ou avec les représentants des intérêts locaux cet esprit de conciliation et de bienveillance sans lequel un bien durable ne peut se faire. Mais dans ce cas, l'administration supérieure a le *même intérêt* pour le service de l'Etat que le département pour les services qui lui appartiennent, et elle ne fera jamais de *difficulté de déplacer* le fonctionnaire ou l'agent qui sera signalé comme ne marchant plus d'accord avec le Conseil général. Et combien d'ailleurs, même à ce point de vue, la concentration des services dans les mains des Ingénieurs crée-t-elle plus de facilités pour donner satisfaction aux justes réclamations de l'administration départementale? Aujourd'hui, qu'un agent-voyer soit l'objet de plaintes, le Préfet n'a qu'un moyen d'y pourvoir, c'est de *révoquer* cet agent ; au contraire, avec la réunion des services, l'administration peut toujours *remplacer* un ingénieur, un conducteur par un autre, sans infliger ni à l'un ni à l'autre une peine qui peut le plus souvent n'être pas en rapport avec la faute commise.....»

Cette réponse ministérielle atténue, d'une manière habile sans doute, l'éventualité du danger qu'on signale, mais sans la détruire complètement.

La question demande donc un examen plus approfondi.

MM. les ingénieurs se sont eux-mêmes préoccupés de l'objection dans les publications que j'ai déjà mentionnées.

Ils ont envisagé la difficulté sous certains autres points de vue qui ne manquent pas de valeur, comme on va pouvoir en juger :

1° Les attributions nouvelles confiées aux conseils généraux pour la direction de la voirie ne pourront jamais être étendues jusqu'au point de leur donner la puissance de créer une *législation spéciale* dans leurs départements respectifs, pour la *comptabilité générale* et la *police* proprement dite de la voirie.

Ce serait vouloir confondre l'*unité* de la législation, qui est une des gloires les plus légitimes et un des bienfaits les plus heureux de la Révolution française, avec le besoin de *décentralisation administrative*, qui n'est et ne doit être qu'un moyen de simplification, une forme plus rapide de procéder, en se débarrassant de l'intervention des autorités intermédiaires et de l'ingérence fatale du pouvoir central.

Il n'existe pas un décentralisateur, quelque absolu qu'il soit, qui veuille et puisse aller jusque-là. Donc les conseils généraux sont strictement tenus, dans l'exercice de leurs attributions nouvelles, de se conformer à toutes les dispositions des *lois* et *règlements* de la matière, actuellement en *vigueur*, sur le service de la voirie.

2° On dit que l'administration des Ponts-et-Chaussées est *centralisée*, que, par suite, elle doit être écartée puisque le réveil de la vie locale réclame partout la *décentralisation* administrative.

Parler ainsi, répondent les ingénieurs, n'est-ce pas jouer aux synonymes ?

Appliquer partout les mêmes lois et les mêmes réglements, comme le fait le corps des Ponts-et-Chaussées, ce n'est pas de la centralisation, c'est on le répète, de *l'unité de législation*,

Observer, dans les détails d'application pour tous les travaux, des principes uniformes, tout en les variant suivant les circonstances locales, ce n'est pas de la centralisation, c'est de *l'unité de science*.

Adresser à l'administration supérieure des renseignements techniques, pratiques, pour les coordonner et en former des instructions au moyen de circulaires ministérielles, ce n'est pas de la centralisation, c'est de l'*unité dans les efforts*, qui aura pour résultat de porter la lumière dans toutes les parties de la France et de favoriser ainsi la propagation des meilleurs systèmes de construction et de travaux.

3° La dualité, la double personnalité des fonctionnaires des Ponts-et-Chaussées, soit comme *agents* du *ministre*, soit comme *serviteurs* du *conseil général*, dans le cas où celui-ci aurait arrêté son choix sur cette corporation, cette double situation n'aura-t-elle pas pour conséquence nécessaire de faire entrer l'ingérence si redoutée du Pouvoir central dans les affaires du département ?

M. l'ingénieur Chardard se prononce pour la négative de la manière la plus formelle.

D'après lui, en ce qui touche même les *travaux de l'Etat*, l'ingérence du Pouvoir central *n'existe pas* pour « l'étude des projets et le contrôle de leur exécution au point de vue technique. » — Donc, et à plus forte raison, elle ne pourrait avoir lieu pour les travaux des départements et des communes, en présence des attributions souveraines accordées aujourd'hui sur ce point aux conseils généraux.

Sur une affirmation aussi essentielle, l'opinion de cet ingénieur demande à être littéralement reproduite.

En voici les termes :

« C'est précisément dans cette série de nos occupations que l'action ministérielle est absolument *nulle*, et la raison en est bien simple : nous y sommes en pleine liberté, la bride sur le cou, *entièrement décentralisés*, car nous n'y relevons que de notre science et de notre conscience.

« L'intérêt général doit être notre seul guide en ces travaux, dussions-nous, pour y satisfaire, froisser quelques intérêts particuliers. Cette initiative *absolue*, nous l'exerçons pleinement, même dans les *travaux de l'Etat*, et point n'est besoin de démontrer que tous les ministres de la terre *n'ont rien à voir* en cette affaire.

« Si le pouvoir central avait à décréter un classement, à élaborer un projet, à répartir des subventions ou des contingents, il nous chargerait nous-mêmes d'étudier la question et statuerait sur nos propositions ; je me demande donc par quelle aberration du sens commun on est arrivé à craindre que lui, qui nous consulte pour ses propres affaires, se serve de nous pour imposer sa volonté quand il s'agira des intérêts du département ?

« On arrive encore à se poser une question plus bizarre pour le contrôle des dépenses ; car, d'après nos adversaires, tout en étant contrôlés, nous influerions sur les décisions du conseil général qui nous contrôlerait : le ministre se servirait du contrôlé pour contrôler le contrôleur. Franchement, on a bien du mal à se retrouver dans la recherche du sens de l'arrêt prononcé contre nous.

Je borne à ces raisons principales les motifs qui doivent écarter toute crainte d'envahissement et de conflit de la part du corps des Ponts-et-Chaussées dans le cas où le service entier de la voirie viendrait à lui être confié.

Quant aux autres griefs imputés à l'institution et qui se trouvent exposés ci-dessus, ils me paraissent très-peu sérieux pour la plupart.

Et je dirai que, sans vouloir méconnaître ce qu'il peut y avoir de fondé dans le ton de supériorité qu'on voit poindre parfois dans les rapports de MM. les ingénieurs soit avec le public, soit avec les autorités, il n'y a là qu'un écart d'esprit que leur position justifie jusqu'à un certain point et qu'il faut pardonner à la fragilité de la nature humaine.

Mais il n'en demeure pas moins incontestable, aux yeux de tous les esprits impartiaux, que l'institution des Ponts-et-Chaussés offre, dans sa composition hiérarchique d'ingénieurs et de conducteurs, des garanties solides pour une bonne exécution de tous les travaux de voirie.

Ils possèdent tout à la fois la *science* et la *pratique*, en vertu de cette même orgrnisation.

Or la science est, en matière de voirie, comme pour tous les autres travaux de l'industrie, des arts et de l'esprit, le seul guide, le seul flambeau qui doit désormais prévaloir. Et si l'ignorance et la routine l'ont emporté jusqu'ici, on voit avec satisfaction que leurs jours sont comptés et qu'il faut céder la place aux hommes d'étude, de science et de travail.

Au surplus, le conseil général ne sera pas *irré-*

vocablement lié par la désignation du corps des agents de service qu'il aura faite une première fois.

S'il reconnaît que son attente est trompée, que des conflits d'autorités se produisent, que les intérêts et les travaux de la voirie en souffrent, il aura parfaitement le droit, à sa plus prochaine session, de faire un autre choix, de s'adresser soit à des ingénieurs *civils*, soit à des *entrepreneurs* particuliers.

Devant une pareille garantie, toute hésitation doit disparaître.

FIN.

ARRAS. — TYPOGRAPHIE ET LITHOGRAPHIE A. BRISSY.

www.ingramcontent.com/pod-product-compliance
Ingram Content Group UK Ltd.
Pitfield, Milton Keynes, MK11 3LW, UK
UKHW021943260726
13994UKWH00004B/1510